A is for Armbar

By Blaine Lavigne
2016

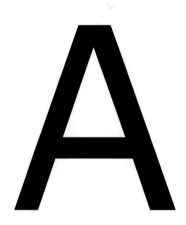

ARMBAR

BRABO CHOKE

C

CLOSED GUARD

D'ARCE

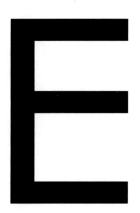

EZEKIEL CHOKE

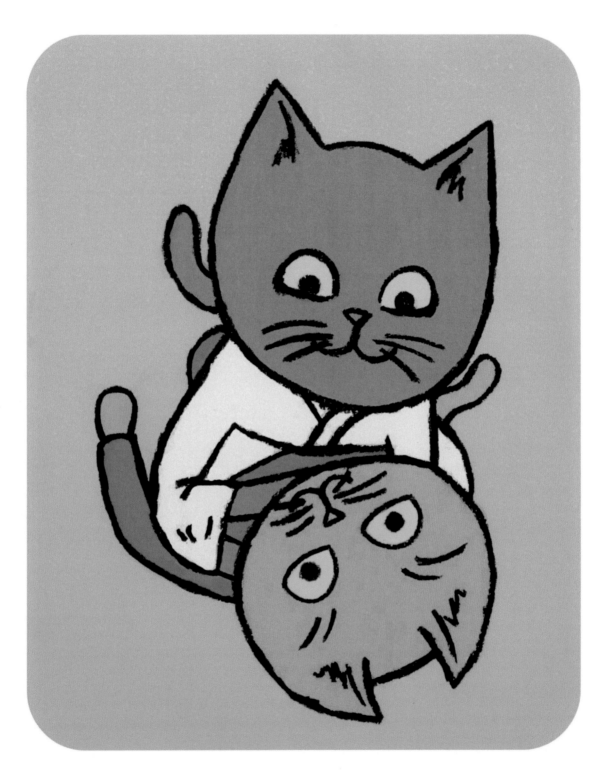

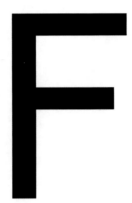

FIGURE-FOUR ARMLOCK
(AMERICANA)

GOGOPLATA

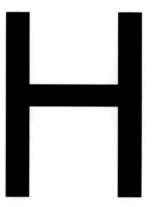

HEAD AND ARM CHOKE

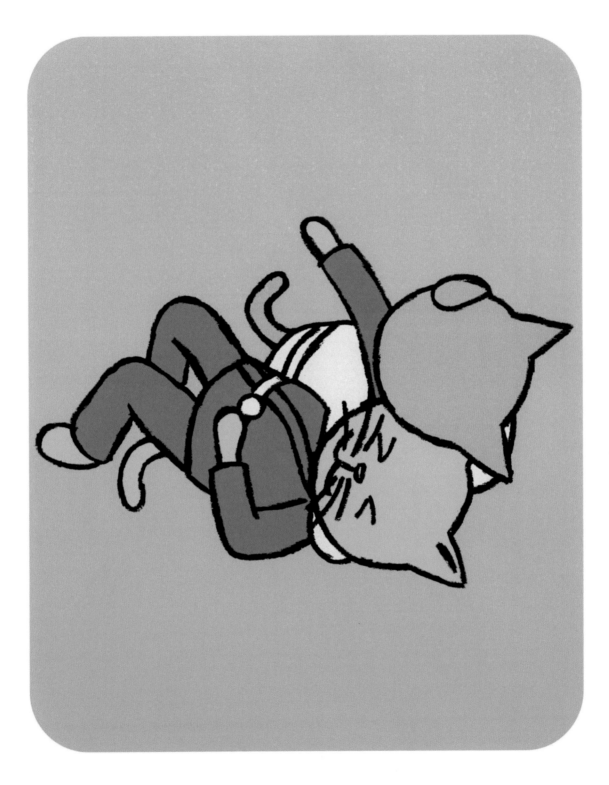

I

INSIDE TRIP

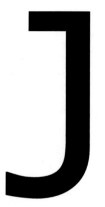

JAPANESE NECKTIE

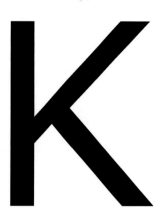

KIMURA

LOCKDOWN

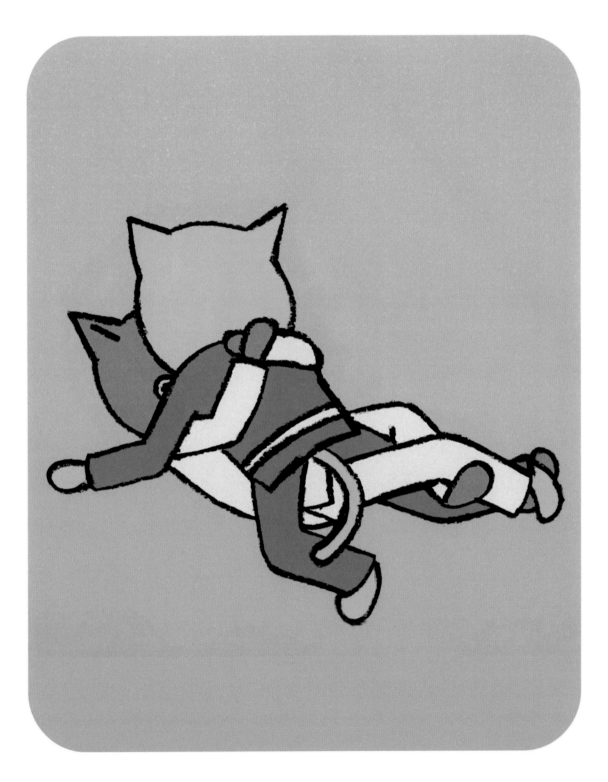

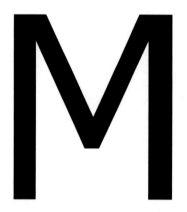

MOUNT

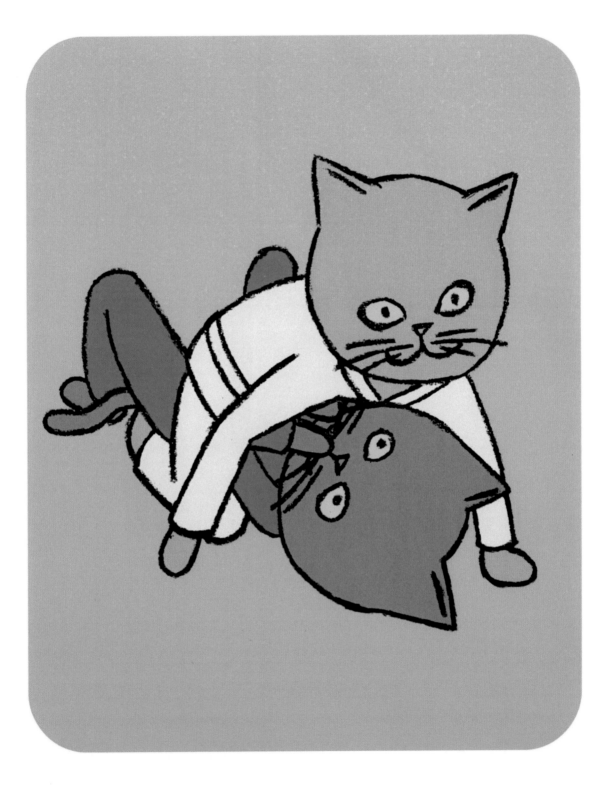

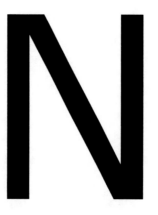

N

NORTH-SOUTH CHOKE

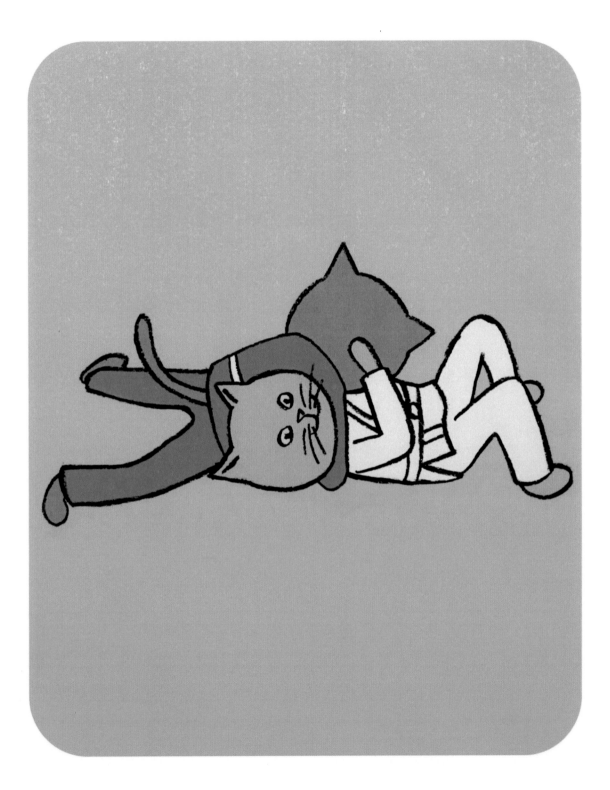

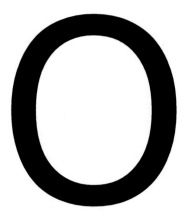

OMOPLATA

PERUVIAN NECKTIE

QUARTER NELSON

R

REAR NAKED CHOKE

SIDE CONTROL

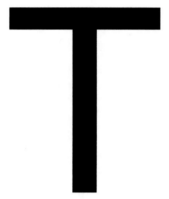

TRIANGLE CHOKE

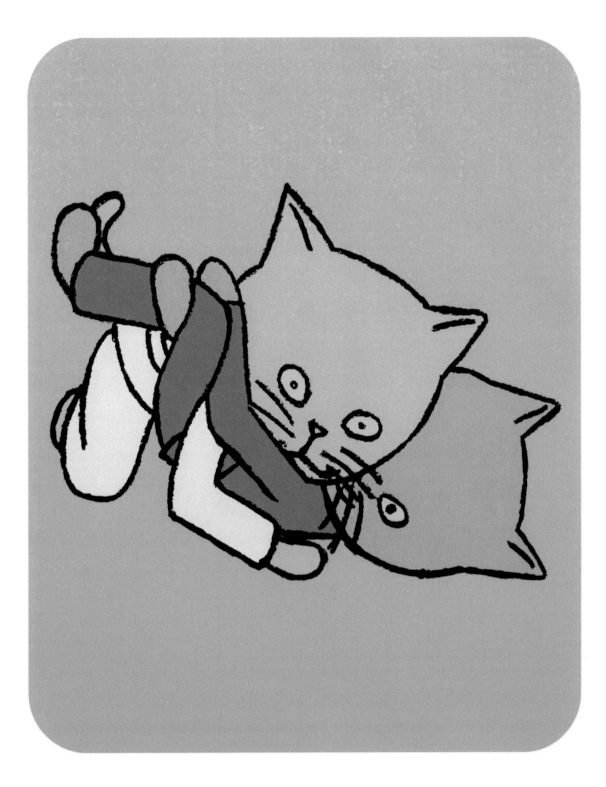

UNDERHOOK

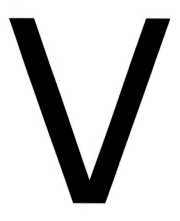

V

VON FLUE CHOKE

WHIZZER

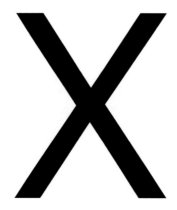

X-GUARD

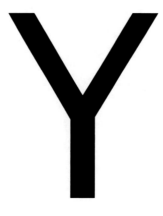

YOGA

Z-GUARD

Cuándo decir no

Traducción de Ruby González

Título original en alemán:
Der Neinrich de Edith Schreiber-Wicke(autora) y Carola Holland (ilustradora)
Publicado en español por acuerdo con K. Thienemanns Verlag, Stuttgart-Wien

Impreso por Editora Géminis Ltda.
Impreso en Colombia - Printed in colombia
Agosto de 2003

C.C.10632
ISBN 958-04-6534-7

Cuándo decir no

Edith Schreiber-Wicke/Carola Holland

GRUPO EDITORIAL
norma

http://www.norma.com

Bogotá, Barcelona, Buenos Aires, Caracas, Guatemala, Lima, México, Miami, Panamá,
Quito, San José, San Juan, San Salvador, Santiago de Chile, Santo Domingo.

—¡Sólo dame un besito chiquitín! —dijo la tía Karen y abrazó a Leo con mucha fuerza. Antes de que Leo pudiera decir algo, sintió el pegajoso pintalabios en su mejilla.

—¡Es tan lindo mi querido muchachito! —dijo la tía Karen antes de que por fin se despidiera.

Leo se paró delante del espejo grande y se limpió con la mano las marcas de pintalabios, mirando con reproche a su mamá.

Su mamá encogió los hombros en actitud indefensa:

—Ella no viene con mucha frecuencia —dijo.

Leo entró a su cuarto. Estaba furioso. Como siempre que estaba furioso, sacó su cuaderno de dibujo y los lápices de colores. De alguna manera, parecía que los lápices seguían su propio camino sobre el papel. Leo se sorprendió cuando vio lo que había dibujado. Él no acostumbraba dibujar hombrecillos graciosos. Se disponía a botar la hoja del dibujo cuando se dio cuenta de que este había desaparecido. La parte superior de la hoja estaba ahí, suave, blanca y nueva.

—¡¡¡No!!! —dijo alguien con gran determinación. Era una voz finita, como de niño, pero era clara e inconfundible—. ¡No, no y otra vez no! ¿Alguna vez has tratado de decir esto?

Leo miró alrededor.

—¡No, allá no! —dijo la voz con impaciencia—. ¡Aquí, derecho frente a ti!

Leo vio algo que se movía cerca del porta-lápices.

El gracioso duendecillo que él había dibujado estaba jugando fútbol con un borrador. "¡Gol!" gritó cuando el borrador aterrizó en una caja que tenía pedazos de papel.

Leo se preguntó si estaba soñando. Pero, por otra
parte, él nunca se había quedado dormido sobre su
escritorio.

—Cierra la boca, hace mucho viento— dijo el
hombrecillo—. En cambio, abre bien los oídos.

Leo aún estaba esperando despertar de repente.
Pero el pequeño que estaba frente a él tomó un

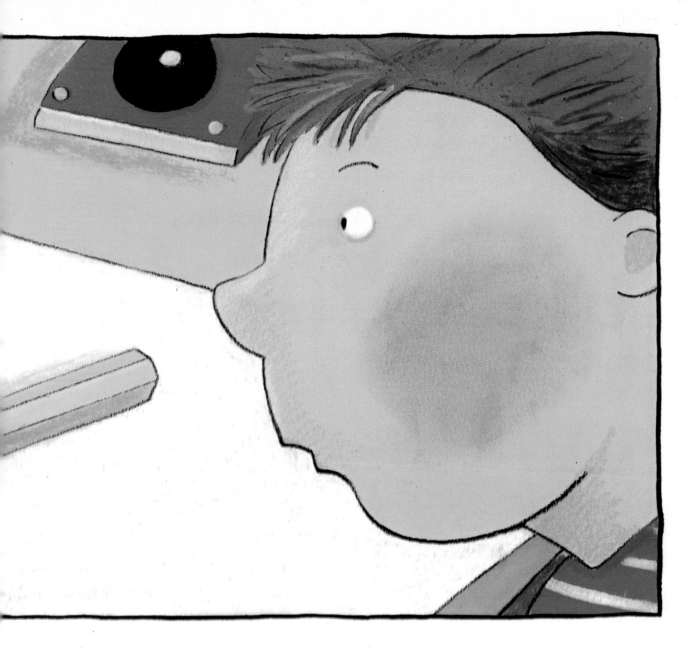

gran *clip* para papel y empezó a doblarlo como si fuera una parte de un equipo para deporte. "Él cree que mi escritorio es un gimnasio", pensó Leo. "Debo preguntarle quién es".

—¿Quién eres? —le preguntó. Su propia voz le sonó extraña.

—Yo soy el Hombre-No —dijo el hombrecillo y miró con gran satisfacción el *clip* que ya casi había enderezado de nuevo.

—¿El Hombre-No? —repitió Leo—.¿Quieres decir que no existes?

—Eso no tendría sentido —dijo el hombre pequeñito. Ahora estaba tratando con todas sus fuerzas de lanzar el pisapapeles al aire.

—¡Ah! ¿Por qué? —preguntó Leo sin entender.

—Porque yo estoy aquí para enseñarte a decir *no*—dijo el duende que se llamaba a sí mismo el Hombre-No.

—Mi mamá siempre se queja de que yo digo *no* con mucha frecuencia —respondió Leo.

—Eso es —dijo el Hombre-No—. Tú tienes que saber el momento y el lugar correcto para decir *no*. La mayoría de los niños dicen *no* porque es gracioso decir *no;* porque esto molesta mucho a los adultos; porque quieren saber cuántos *noes* pueden soportar un papá o una mamá. Sin embargo, olvidan decir *no* cuando es realmente importante.

—¿Cuándo es realmente importante?— preguntó Leo.

—Bien —dijo el Hombre-No—. Aquí vamos. ¿Quieres escuchar todo el montón? ¿La lista completa de cuándo decir *no*?

—Claro que sí —dijo Leo.

—¿Por dónde empezar? —consideró el Hombre-No en voz alta. Luego, comenzó—: Di *no* cuando alguien a quien no hayas visto antes te ofrezca dulces o chocolates, aunque sean los de tu marca favorita, o goma de mascar aun cuando no tenga azúcar.

—Eso es obvio —aprobó Leo.

Pero el Hombre-No ya había comenzado a hablar de nuevo:

—Di *no* cuando un extraño quiera llevarte a algún lugar en su automóvil, aun cuando te diga que tu mamá lo mandó; aunque afirme que es uno de los amigos de tu papá; aunque te diga cualquier otra cosa.

—Bien, bien— dijo Leo—. Yo sé todo eso.

—Pero todavía no termino —dijo el Hombre-No.
Ahora estaba apoyado sobre el pisapapeles.
Continuó con su lista:— Di *no* si alguien te pregunta
dónde está la calle del Otoño, la plaza de la
Primavera, la esquina del Verano o el restaurante
Invierno.

—¿Pero qué hago si lo sé? —preguntó Leo.

—Ni aun así —insistió el Hombre-No—. Los adultos deben preguntar el camino a los adultos, y punto.

—¿Algo más? —preguntó Leo.

—Oh, sí —afirmó el Hombre-No—. Apenas
comienzo. Di *no* cuando el hermano mayor de tu

mejor amigo diga: "Ven, no hay autos a la vista,
puedes cruzar la calle, aun cuando el semáforo está
en rojo".

Leo afirmó y pensó en el hermano mayor de Sara.

El Hombre-No continuó hablando:

—Di *no* cuando alguien en el patio de recreo te
diga: 'Atrévete a saltar por encima de la tapia'.

—¿Algo más? —preguntó Leo.

—¡Oh!, rara vez se me agotan los *noes*—dijo el Hombre-No—. Di *no* en la panadería cuando la mujer de la calle de enfrente trate de hacerse, a empujones, delante de ti en la fila, fingiendo que no te ha visto o diciendo que tú tienes más tiempo que ella.

—¿Solamente digo *no*? —preguntó Leo con duda—. ¿Un niño puede hacer eso? ¿No es de mala educación?

—Las personas que son mal educadas son aquellas que se hacen, a empujones, delante de ti —dijo el Hombre-No claramente.

—¿Has terminado?
—preguntó Leo.

—Di *no* cuando alguien se te acerque más de lo que a ti te gusta. Eso se aplica a todos los que golpean, tocan y besan, sean o no tus parientes.

—¿Le puedo decir *no* a la tía Karen? —respondió Leo con duda. Aunque le gustó la idea.

—Sí, puedes decirle *no* —confirmó el Hombre-No—. Ella acabará por entender. Te lo prometo.

—¿Estás hablando solo? —preguntó la mamá de
Leo. Ella estaba parada en la puerta y lo miraba
con sorpresa.

—No —dijo Leo con seguridad.

El Hombre-No avanzó hacia la hoja de dibujo y
se acostó boca arriba.

—¡Felices *noes*! —gritó con alegría y en un abrir y
cerrar de ojos, regresó de nuevo a la blanca hoja de
papel.

—Ya casi es hora de la cena —dijo la mamá de Leo—. ¿Quieres poner la mesa?

—Sí —dijo Leo.

—Pero, primero, lávate las manos —dijo ella al mirar los sucios dedos de Leo.

—Sí —dijo Leo. Era bastante obvio que no era el momento correcto para decir *no*. Pero ya llegaría.